BEI GRIN MACHT SICH IHR WISSEN BEZAHLT

- Wir veröffentlichen Ihre Hausarbeit, Bachelor- und Masterarbeit

- Ihr eigenes eBook und Buch - weltweit in allen wichtigen Shops

- Verdienen Sie an jedem Verkauf

Jetzt bei www.GRIN.com hochladen und kostenlos publizieren

Karin Mehner

Englischsprachförderung im Kindergartenalter

Akzeptanz der Englischsprachförderung seitens der Eltern als positive
Grundlage des Sprachangebotes

GRIN Verlag

Bibliografische Information der Deutschen Nationalbibliothek:

Die Deutsche Bibliothek verzeichnet diese Publikation in der Deutschen Nationalbibliografie; detaillierte bibliografische Daten sind im Internet über http://dnb.d-nb.de/ abrufbar.

Dieses Werk sowie alle darin enthaltenen einzelnen Beiträge und Abbildungen sind urheberrechtlich geschützt. Jede Verwertung, die nicht ausdrücklich vom Urheberrechtsschutz zugelassen ist, bedarf der vorherigen Zustimmung des Verlages. Das gilt insbesondere für Vervielfältigungen, Bearbeitungen, Übersetzungen, Mikroverfilmungen, Auswertungen durch Datenbanken und für die Einspeicherung und Verarbeitung in elektronische Systeme. Alle Rechte, auch die des auszugsweisen Nachdrucks, der fotomechanischen Wiedergabe (einschließlich Mikrokopie) sowie der Auswertung durch Datenbanken oder ähnliche Einrichtungen, vorbehalten.

Impressum:

Copyright © 2013 GRIN Verlag GmbH
Druck und Bindung: Books on Demand GmbH, Norderstedt Germany
ISBN: 978-3-656-43575-4

Dieses Buch bei GRIN:

http://www.grin.com/de/e-book/208400/englischsprachfoerderung-im-kindergartenalter

GRIN - Your knowledge has value

Der GRIN Verlag publiziert seit 1998 wissenschaftliche Arbeiten von Studenten, Hochschullehrern und anderen Akademikern als eBook und gedrucktes Buch. Die Verlagswebsite www.grin.com ist die ideale Plattform zur Veröffentlichung von Hausarbeiten, Abschlussarbeiten, wissenschaftlichen Aufsätzen, Dissertationen und Fachbüchern.

Besuchen Sie uns im Internet:

http://www.grin.com/

http://www.facebook.com/grincom

http://www.twitter.com/grin_com

Facharbeit

Förderung der englischen Sprache bei Kindern im Alter von 2,9 Jahren bis Schuleintrittsalter in der Kindertageseinrichtung „----" -

Akzeptanz der Englischsprachförderung seitens der Eltern als positive Grundlage des Sprachangebotes

Abgabedatum: 18.01.2013

Inhaltsverzeichnis

1 Einleitung 2
2 Theoretische Auseinandersetzung mit der Thematik 3
2.1 Sensible Phasen 3
2.2 Sinn frühen Fremdsprachenlernens 3
2.3 Voraussetzungen und Konditionen für eine erfolgreiche Umsetzung des Fremdsprachenangebotes im Kindergarten 4
2.4 Vorteile des Fremdsprachenlernens im Kindesalter 5
2.5 Pädagogische Bedeutung der Thematik 6
2.6 Methoden des Sprachenlernens 6
3 Empirische Forschung 8
3.1 Beschreibung der Methode des Fragebogens 8
3.2 Begründung der Auswahl der Methode des Fragebogens 9
3.3 Pretest 9
3.4 Auswertung des Fragebogens 9
3.5 Beschreibung des Fremdsprachenmodells in der Kindertageseinrichtung „----" 12
3.6 Parallelen zwischen Theorie und Praxis 13
4 Fazit 14
5 Literaturverzeichnis 15
6 Anhang I

1 Einleitung

Globalisierung ist mittlerweile Teil unseres Lebens, mit dem es sich auseinanderzusetzen gilt. Wenn man damit zeitig genug beginnt, gehört sie nicht nur zu unserem Leben, sondern wir leben sie. Wir konsumieren Lebensmittel aus anderen Ländern, wir verbringen unsere Urlaube an fernen Orten, also ist es doch nur naheliegend, schon im frühen Kindesalter mit interkultureller Erziehung zu beginnen (vgl. Onlinedokument 1, S. 5).

Englisch ist eine Weltsprache; sie umgibt uns überall: In der Werbung, im Fernsehen, sie begleitet uns im alltäglichen Leben. Deshalb ist es wichtig, dass Kinder schon zeitig an die englische Sprache herangeführt werden. Ziel des Englischsprachunterrichts in Kindertageseinrichtungen ist es, spielerisch das Interesse der Kinder für das Fremdsprachenlernen zu wecken, ihnen ein erstes Gefühl für die Sprache zu geben, den Horizont des einzelnen Sprösslings zu erweitern und um ihnen zu zeigen, dass es mehr in der Welt gibt, als nur den Ort, an dem wir wohnen und leben (vgl. Onlinedokument 3).

Diese Facharbeit wird sich mit dem entwicklungspsychologischen Hintergrund des Fremdsprachenerwerbs bei Kindergartenkindern, dem Sinn sowie den Vorteilen des frühen Sprachenlernens, einigen theoretischen Methoden der Sprachübermittlung und der pädagogischen Bedeutung der Thematik auseinandersetzen. Ferner wird der Ablauf der Englischsprachförderung im Kindergartenalltag der Kindertageseinrichtung „----" in ---- beleuchtet und es werden Parallelen zwischen Theorie und Praxis gezogen. Mithilfe eines Fragebogens werden die Eltern bezüglich ihrer Sichtweise und Meinung des Englischangebotes befragt.

Aus diesem Kontext ergibt sich folgende wissenschaftliche Fragestellung für diese Arbeit: „Welche Bedeutung messen die Eltern der Englischsprachförderung in der Kindertageseinrichtung ---- bei?".

2 Theoretische Auseinandersetzung mit der Thematik

Dieses Kapitel setzt sich mit dem Terminus „sensible Phasen" und dessen Bezug zur Sprache auseinander. Ferner werden die Bedeutung des frühen Fremdsprachenlernens sowie dessen Vorteile erläutert. Zudem werden einige Modelle des Fremdsprachenangebotes vorgestellt.

2.1 Sensible Phasen

Der Begriff „sensible Phasen" bezeichnet bestimmte Entwicklungsabschnitte, in denen Kinder eine erhöhte Sensibilität gegenüber bestimmten Erfahrungen aufweisen und das damit verknüpfte Verhalten schnell lernen (vgl. Szagun 2008, S. 248; Cornelsen 2011, S. 309). Das heißt, dass die in diesem Zeitraum gemachten Erfahrungen effektiver wirken. Auch bei der Sprachentwicklung geht man von einer sensiblen Phase aus. Aus alltäglichem Wissen ist bekannt, dass Kinder empfänglicher für das Lernen von Sprachen sind (vgl. Szagun 2008, S. 248). Die Sprachaneignung geschieht in der sensiblen Phase noch spontan und ungehindert (vgl. Krumm, Portmann-Tselikas, S. 11). Die Existenz einer sensiblen Phase für Sprache stützt sich auf die Erkenntnis, dass es den sogenannten „Wolfskindern" später nicht mehr gelang, Sprache fließend zu erwerben, da sie den Entwicklungsabschnitt hierfür ohne jeglichen Kontakt zu Menschen und Sprache erlebt hatten. Daraus lässt sich der Schluss ziehen, dass eine sensible Phase nur eine gewisse Zeitspanne umfasst und im Anschluss gemachte Erfahrungen nicht mehr dieselbe Wirkung haben (ebd. 2008, S. 249). Die sensible Phase für Sprache schließt auch den Erwerb von Fremdsprachen ein. Eine Studie von Elissa L. Newport und Jacqueline S. Johnson aus dem Jahre 1989 ergab, dass Kinder zwischen dem dritten und siebenten Lebensjahr eine Fremdsprache am besten erlernten (ebd. 2008, S. 251). Einen anderen Terminus für „sensible Phase" stellen „Zeitfenster" oder auch „kritische Periode" dar (vgl. Cornelsen 2011, S. 309; Szagun 2008, S. 250).

2.2 Sinn frühen Fremdsprachenlernens

Spracherwerb sowie Fremdspracherwerb vollzieht sich im frühen Kindesalter intuitiv-imitativ sowie unbewusst. So ist es für Kinder beispielsweise um einiges leichter, die Aussprache einer fremden Sprache zu erlernen, da sie das Gehörte lediglich imitieren und die Lautbildung der Erstsprache noch nicht abgeschlossen ist, sie aber auch noch die Fähigkeit besitzen, Klänge zu unterscheiden (vgl. Onlinedokument 2, S. 14; Onlinedokument 6). Erwachsenen hingegen bereitet es durchaus größere Anstrengungen und Bemühungen, die Laute einer Fremdsprache nachzuahmen, da diese zumeist in der Muttersprache nicht vorkommen und die andere Sprache neu erschlossen werden muss und nicht auf die Muttersprache aufgebaut werden kann (ebd. 2001, S. 54). Desweiteren erfolgt der Fremdsprachenerwerb bei Kleinkindern nach den gleichen Prinzipien der Muttersprache. Das heißt, aus dem Gehörten werden grammatikalische Strukturen und der Wortschatz der anderen Sprache erschlossen. Je weiter der Muttersprachwerb in der Vergangenheit liegt, desto mehr beeinflussen die bereits vorhandenen Strukturen der Muttersprache den Erwerb einer neuen Sprache (ebd. 2001, S. 55). Beginnt das Kind mit dem Erwerb einer neuen Sprache noch innerhalb der sensiblen Phase, besteht die Möglichkeit, annähernd muttersprachliche Kompetenzen über die Zweitsprache zu erlangen (vgl. Krumm, Portmann-Tselikas, S. 51).

In didaktischen Handreichungen zur Gestaltung frühkindlichen Fremdsprachenlernens, die über die Jahre in Deutschland erschienen sind, findet man häufig Bezug auf ein Vierstufen-Modell, welches den allgemeinen Ablauf des Fremdsprachenerwerbes im Kindesalter beschreibt. Die erste Stufe umfasst das Aufnehmen als auch sich Einstellen auf den Klang der anderen Sprache. Das erste Nachsprechen von Wörtern sowie das Mitsingen von Liedern der Fremdsprache charakterisieren die zweite Stufe, wobei die Kinder zu diesem Zeitpunkt lediglich Teile eines Liedes mitsingen und allgemein einige Wörter beherrschen. Zur dritten Stufe gehören kreative Fehlbildungen im Sprachgebrauch, welche dann auf die vierte Stufe hinausläuft, in der die Kinder erste Standardregeln anwenden, beispielsweise die Pluralbildung von Wörtern (vgl. Onlinedokument 4, S. 23).

Ziel frühen Fremdsprachenlernens ist es außerdem, Kinder zu ermutigen, sich neuen Herausforderungen zu stellen, Neues zu entdecken und es mit der eigenen Welt zu assoziieren als auch zu vergleichen. Sie erfahren mehr über andere Kulturen, deren Bräuche und Sitten, erweitern ihren Horizont und lernen, dass es nicht nur die eigene Welt gibt (vgl. Publikation 1, S. 4 u. 8).

2.3 Voraussetzungen und Konditionen für eine erfolgreiche Umsetzung des Fremdsprachenangebotes im Kindergarten

Kindergärten sind schon lange nicht mehr nur Einrichtungen des Spielens. In den letzten Jahren sind sie verstärkt zu einer Institution geworden, in welcher Kinder meist das erste Mal in Verbindung mit einer fremden Sprache kommen. Häufig entwickelt sich zu diesem Zeitpunkt ihre erste Sprache noch (vgl. Krumm, Portmann-Tselikas, S. 40).

Eine angst- und stressfreie Lernumgebung und eine pädagogische Grundhaltung, die die Interessen und Bedürfnisse der Kinder berücksichtigen, ermöglichen es erst den Kindern, sich auf eine neue Sprache einzulassen. Die emotionale Beziehung zwischen dem Kind und der Fachkraft, die den Englischunterricht leitet, ist von großer Bedeutung, ob das Kind das Lern- und Spielangebot mit Begeisterung annimmt. Der / die KursleiterIn muss nicht zwangsweise MuttersprachlerIn sein, allerdings muss er / sie über fundierte Sprachkenntnisse verfügen und Sicherheit in Aussprache und Wortschatz aufweisen (vgl. Onlinedokument 5, S.20). Zudem sollte darauf geachtet werden, dass der / die PädagogIn durchweg in einer Sprache mit den Kindern kommuniziert, um die Fremdsprache authentisch in den Alltag einzubetten und sie für die Kinder real erlebbar zu machen. Denn das Angebot kann sich nur als erfolgreich erweisen, wenn die Kinder einen Bezug zur Sprache herstellen können, indem es Gegenstände und Sachverhalte aus der Erfahrungswelt der Kinder beinhaltet. Das heißt, das Fremdsprachenangebot sollte keinesfalls den Charakter einer Schulstunde annehmen, in welcher der Lernstoff stupide vermittelt wird. Demnach ist es vorteilhaft, das Angebot in Form von Finger-, Kreis-, Rhythmik- und Bewegungsspielen sowie mit Handpuppen- und Figurentheater zu gestalten. Durch verschiedene Materialen und Methoden bleibt das Lernangebot der Fremdsprache abwechslungsreich, was darüber hinaus die Motivationsförderung der Kinder bedeutet. Außerdem sollte das Sprachlevel nur leicht über dem muttersprachlichen Niveau der Kinder liegen. Eine Überforderung würde sich lediglich negativ und uneffektiv auswirken. Einen weiteren Aspekt, der für eine erfolgreiche Übermittlung der Fremdsprache signifikant ist, stellt die Einstellung der Erziehungsberechtigten gegenüber dem Angebot dar. Eine negative Haltung der Eltern kann daher die Sprachlernbereitschaft des Kindes beeinflussen (ebd. 2008, S. 21 f.).

2.4 Vorteile des Fremdsprachenlernens im Kindesalter

„Beim Lernen einer Sprache ist man immer wieder gezwungen, Probleme zu lösen. Dies wirkt sich positiv auf den Lernprozess aus, denn so erlangt der Lerner besondere Fähigkeiten, um effektiv und auf neue Art zu Denken. [...] Ergebnis davon ist, dass mehrsprachige Menschen bei anstehenden Problemen flexibler reagieren und leichter Lösungen finden als beispielsweise ein Mensch, der lediglich eine Sprache beherrscht." (Onlinedokument 7) Daraus lässt sich schließen, dass Kinder, die in früher Kindheit bereits in Kontakt mit einer Fremdsprache gekommen sind, eventuell entspannter reagieren, wenn sie in der Schule auf Lernstoff stoßen, der ihnen noch unbekannt ist und anfangs schwierig erscheint.
Zudem lernen Kinder, dass es „neben dem Eigenen auch das Fremde gibt", das man erkunden kann. Sie sind offener gegenüber anderen Kulturen. Ein weiterer positiver Aspekt ist, dass Kinder Freude an Sprachen und am Sprachenlernen entwickeln, aber gleichermaßen ein Bewusstsein für andere Sprachen entsteht und sie wissen, dass man Gleiches auch anders benennen kann. Durch den Klang einer anderen Sprache wird die eigene Verarbeitung der Laute geschult (vgl. Publikation 1, S. 8). Kindern, die schon zeitig eine Fremdsprache

lernen, fällt es leichter, sich die Grammatik der eigenen Sprache und anderer Sprachen anzueignen. Mehrsprachigkeit führt darauf hinaus, dass Menschen ihre Aufmerksamkeit sowie Konzentration auf mehrere Sachen gleichzeitig lenken können (Onlinedokument 8).

2.5 Pädagogische Bedeutung der Thematik

Wie schon in Kapitel 2.3 erwähnt, hängt die Lernbereitschaft der Kinder von der Haltung und Einstellung der Eltern gegenüber dem Fremdsprachenlernen ab. Die Eltern sind Experten ihrer Kinder. Wenn sie dem Erlernen einer Fremdsprache im frühen Kindesalter kritisch gegenüber stehen, wirkt sich diese Denkweise womöglich auf ihre Kinder aus, welches die Mitarbeit derer während der Englischsprachförderung beeinträchtigen könnte.

2.6 Methoden des Sprachenlernens

Es gibt verschiedene Methoden, wie die Englischsprachförderung in Kindertageseinrichtungen durchgeführt werden kann. Die unterschiedlichen Formen können beliebig kombiniert werden. Alle im Folgenden beschriebenen Praktiken setzen voraus, dass die ausführende Fachkraft (auch Externe) über sehr gute sprachliche Kompetenzen verfügt.
Ein bekanntes Modell ist das Angebotsmodell, welches die Kinder mit Reimen, Liedern, Kurzgeschichten oder Märchen an die andere Sprache heranführen. Dies kann durch ErzieherInnen, Eltern oder externe Fachkräfte geschehen. Beispielsweise kann das Angebot ebenfalls in Form eines Morgenkreises vollzogen werden, in welchem den Kindern verschiedene Länder und Kulturen näher gebracht werden. Hierbei kann die bereits vorhandene Mehrsprachigkeit einzelner Kinder genutzt werden. Ein Merkmal dieses Modells ist, dass den Kindern die Sprache angebotsähnlich unterbreitet wird, allerdings ist die Teilnehmerzahl auf Gruppengröße beschränkt.
Eine weitere Arbeitsmethode stellt das Raummodell dar, bei welchem die Gruppe für das Sprachangebot einen gesonderten Raum aufsucht, welcher besonders ausgestattet ist und die Kultur der Zielsprache sich beispielsweise an den Wänden widerspiegelt. Es wird sich über die visuellen Eindrücke anderssprachlich ausgetauscht. Der Umfang der Gruppe ist bei dieser Form der Sprachvermittlung beliebig, da er sich nach der Kapazität des Raumes richtet. Der Tagesablauf könnte bei dieser Methode eventuell gestört werden.
Das Begegnungsmodell ermöglicht den Kindern grenzüberschreitende Kontakte mit Kindern aus einem anderen Land, wobei die Einrichtung kontinuierliche Treffen mit der anderen Bildungsinstitution organisiert. Die Kinder beider Sprachen interagieren miteinander und es bilden sich rasch einfache sprachliche Handlungskompetenzen auf beiden Seiten. Das Ver-

ständnis für die andere Kultur wird gefördert. Die Integration der Eltern ist möglich. Dieses Modell verlangt allerdings Partnerschaften mit den entsprechenden Bildungseinrichtungen und hohen Organisationsaufwand.

Kinder, die in einer bilingualen Einrichtung betreut werden, kommunizieren fast ausschließlich in der Zielsprache. Die Umgebungssprache kommt kaum zum Einsatz. Sprachliche Kompetenzen der Kinder werden gerade anfänglich mit reichlich Mimik und Gestik unterstützt. Es gibt Einrichtungen, in denen ebenfalls die Umgebungssprache gesprochen wird, jedoch wird auf Sprachentrennung geachtet, das heißt, dass ein / eine ErzieherIn lediglich eine Sprache mit den Kindern spricht. Dieses Modell fordert muttersprachliche Kompetenzen der Pädagogen (vgl. Publikation 1, S. 11 ff.).

3 Empirische Forschung

Dieses Kapitel beschreibt das Befragungsinstrument Fragebogen näher. Außerdem werden die Ergebnisse der Elternfragebögen, welche in der Kindertageseinrichtung „----" ausgeteilt wurden, dargelegt. Ferner werden das Fremdsprachenmodell der Einrichtung erläutert als auch Parallelen zu den in Kapitel 2.6 aufgeführten Ansätzen der Sprachvermittlung gezogen.

3.1 Beschreibung der Methode des Fragebogens

Ein Fragebogen ist eine Methode der quantitativen Forschung. Durch verschiedene Fragen werden Personen zu Antworten angeregt. Ziel ist die systematische Erfassung von Sachverhalten (vgl. Onlinedokument 9). Der Fragebogen sollte mit einem Einleitungstext beginnen, der das Thema, die Zusicherung der vertraulichen Behandlung der zu bekommenden Antworten, die Dauer, den Rückgabetermin als auch einen Hinweis auf die Freiwilligkeit der Beantwortung enthält (vgl. Onlinedokument 10). Voraussetzung ist, dass die Befragten über ein bestimmtes Wissen verfügen, welches anhand der Fragen erhoben werden soll. Auf eine klare und deutliche Ausdrucksweise der Fragen sowie auf den Verzicht von Suggestivfragen, welche eine bestimmte Antwort provozieren, sollte geachtet werden. Zudem ist es wichtig, dass neutrale Formulierungen zum Einsatz kommen. Die Anpassung des Fragebogens an die Umgangssprache der Adressaten sowie das Weglassen von Fachbegriffen müssen berücksichtigt werden, andernfalls könnten Missverständnisse auftreten. Die Formulierung der Fragen sollte kurz und prägnant sein. Doppelfragen, welche lediglich für Verwirrung sorgen, sind zu vermeiden.

Offene Fragen veranlassen den Auszufüllenden, mit eigenen Worten zu antworten. Es bedarf mehr Aufwand sie auszuwerten. Jedoch ist die Chance höher, individuelle Antworten zu erhalten. Die Antworten könnten allerdings von eventuell eingeschränkten Kommunikationskompetenzen und limitierter Antwortbereitschaft überschattet werden. Bei geschlossenen Fragen hingegen sind Antwortmöglichkeiten vorgegeben, jedoch werden sie häufiger beantwortet als offene. Die Auswertung dieses Fragetypus ist weitaus weniger aufwendig und das Ergebnis ist quantitativ. Alternativfragen geben nur zwei Antwortmöglichkeiten vor, Auswahlfragen hingegen mehrere, meist Abstufungen. Katalogfragen regen den Befragten an, aus einer Reihe von Begriffen den zutreffendsten auszuwählen. Ergänzungsfragen dienen zur weiteren Erklärung vorher gegebener Antworten. Unangenehme Fragen werden meist nicht wahrheitsgemäß oder entsprechend der sozialen Erwünschtheit beantwortet. Das heißt, die Antwort der Befragten gleicht der, welche von der Gesellschaft erwartet werden würde. Ein Fragebogen sollte verschiedene Frageformen enthalten. Sozialdaten werden an den Schluss gestellt, da die Beantwortung dieser meist ungern erfolgt und ein zeitiges Nachfragen einen

Abbruch der Beantwortung bedeuten könnte. Mangelhafte optische Gestaltung kann zur Nichtbeantwortung des Fragebogens führen. Kästchen für geschlossene und ausreichend Platz für offene Fragen wirken dem entgegen. Den Abschluss sollte der Dank für die Teilnahme darstellen (vgl. Onlinedokument 11).

3.2 Begründung der Auswahl der Methode des Fragebogens

Das Thema der Facharbeit verlangt eine Befragung der Eltern. In der Kindertageseinrichtung „----" werden derzeit 64 Kinder betreut. Deren Erziehungsberechtigte mittels eines Interviews zum Thema zu befragen, wäre sehr zeitaufwendig geworden. Die Bearbeitungszeit der Facharbeit betrug allerdings nur drei Monate. Deshalb fiel die Auswahl auf die Methode des Fragebogens, um anhand dessen, quantitative Ergebnisse erzielen zu können.

3.3 Pretest

Bevor die endgültige Version des Fragebogens an die Eltern ausgehändigt werden konnte, im Vorfeld dessen ein Pretest beziehungsweise Vortest durchgeführt. Dieser diente zur Qualitätsverbesserung des bereits entworfenen Fragebogens. Anhand des Pretests sollte herausgefunden werden, ob die Fragen klar, eindeutig, verständlich und präzise formuliert waren. Der Vortest wurde mit zehn beliebig ausgewählten Personen, die nicht mit der Thematik dieser Facharbeit vertraut waren, durchgeführt. Es stellte sich heraus, dass die Formulierung der Fragen präzise und verständlich war. Nach Abschluss der Durchführung wurden keine Veränderungen an dem im Anhang unter I zu findenden Fragebogen vorgenommen.

3.4 Auswertung des Fragebogens

Anhand des Fragebogens sollte die Meinung der Eltern hinsichtlich des Fremdsprachenangebotes der Kindertageseinrichtung „----" ermittelt werden. Es wurden 64 Fragebögen in der Einrichtung verteilt. Die Dauer zur Beantwortung umfasste zwei Wochen. Die Rücklaufquote betrug 34 Fragebögen, wovon ein Exemplar unbeantwortet war und eins mit dem Vermerk, dass das Kind noch in der Eingewöhnungsphase und es zu früh zum Ausfüllen der gestellten Fragen sei. Deutsch als Muttersprache wird in 30 Haushalten gesprochen. In einer Familie wird Russisch, in einer anderen Chinesisch und in zwei weiteren Kurdisch gesprochen. Die

Kinder der befragten Eltern sind im Alter von drei bis sechs Jahren, allerdings sind die meisten Kinder vierjährig, weshalb sich ein Durchschnittsalter von 4,2 Jahren ergab.

Der Fragebogen umfasst elf Fragen, wovon sieben geschlossene und vier offene Fragen sind. Begonnen wurde mit einer geschlossenen Frage, welche die Eltern mit „ja" oder „nein" beantworten konnten. Es wurde gefragt, ob die Kinder der Eltern gern am Englischunterricht teilnehmen. 30 Stimmen wurden für „ja" vergeben und zwei Mal wurde ein eigenes Kästchen angefertigt und „keine Ahnung" daran angefügt. In der zweiten, einer geschlossenen Frage, wurden die Eltern gebeten, einzuschätzen, ob das Fremdsprachenangebot eine Last für ihre Kinder darstellt. Wieder standen „ja" und „nein" zur Auswahl. Diese Frage wurde ein Mal mit „ja" und 31 Mal mit „nein" ausgefüllt. Die dritte Frage hat die Form einer geschlossenen Frage und erkundigte sich danach, ob die Kinder Zuhause vom Sprachangebot berichten. Wieder waren die Antwortmöglichkeiten „ja" und „nein", jedoch gingen von der Auswahlmöglichkeit „ja" zwei Pfeile ab, wo die Eltern die Möglichkeit hatten, „positiv" oder „negativ" anzukreuzen. 24 Elternteile oder -paare gaben an, dass ihre Kinder ihnen vom Englischunterricht erzählen, acht Mal wurde die Antwort „nein" gewählt und 22 Stimmen wurden an „positiv" vergeben. „negativ" wurde nicht gewählt. Demzufolge haben zehn Personen weder „positiv" noch „negativ" angekreuzt. Der Fragebogen streckt sich mit viertens, einer offenen Frage, fort. Die Eltern, die Frage drei mit „positiv" beantwortet haben, wurden gebeten, anzugeben, was ihre Kinder vom Fremdsprachenunterricht berichten. 13 Personen gaben an, dass ihre Kinder in der englischen Sprache zählen können. Am Ende des Sprachangebotes erhalten die Kinder für ihre Teilnahme einen Stempel. Vier Elternteile vermerkten, dass ihre Söhne oder Töchter für gewöhnlich dem Stempel am Tag des Angebotes zeigen. Zwei Mal wurde die Antwort gegeben, dass die Kinder nach englischen Vokabeln fragen. Zehn Befragte berichteten, dass ihre Kinder die englischen Lieder aus dem Kurs Zuhause singen. Zwei Mal wurde angemerkt, dass die Kinder Freude am Unterricht zeigen und den Stunden mit Vorfreude entgegensehen. Vier Erziehungsberechtigte machten eine Notiz darüber, dass ihre Kinder nur auf Nachfrage vom Sprachangebot berichten. Eine Person gab an, dass das Kind erzählt, immer „das Gleiche" während des Angebotes zu erleben. Dass ihre Kinder einige Farben in der englischen Sprache beherrschen, wurde von vier Müttern oder Vätern hinzugefügt. Laut deren Eltern, berichten drei Kinder regelmäßig vom Ablauf des Fremdsprachenunterrichtes. Frage vier blieb bei acht Fragebögen unbeantwortet. Frage fünf, eine offene Frage, bezog sich auf Frage drei. Jene Personen, die beim zweiten Teil von Frage drei „negativ" gewählt hatten, wurden gebeten, das negative Empfinden ihrer Kinder bezüglich des Englischangebotes näher zu erläutern. Diese Frage kein einziges Mal beantwortet. Frage sechs stellt eine geschlossene als auch offene Frage dar. Die Erziehungsberechtigten wurden gefragt, ob sie den Sprachkurs für sinnvoll erachten. Als Auswahlmöglichkeit gab es „ja", „weniger" und „nein". Es wurde 27 Mal für „ja", fünf Mal für „weniger" und kein einziges Mal für

„nein" gestimmt. Unter den Ankreuzmöglichkeiten wurde etwas Platz für eigene Aussagen der Eltern gelassen. Dort gaben fünf Personen an, dass das Sprachangebot den ersten Kontakt mit der englischen Sprache für ihre Kinder darstellt. Ein Elternpaar oder -teil war der Meinung, dass frühzeitiges Lernen einer anderen Sprache zu weniger Problemen in der Schule führen würde. Zwei Mal wurde zum Ausdruck gebracht, dass der Sprachkurs als wichtiger Grundstein für das Erlernen der englischen Sprache betrachtet wird. Fünf Personen sahen den Fremdsprachenunterricht als den Erwerb einer fremden Sprache ohne Druck an. Eine Person kategorisierte das Sprachangebot als Sensibilisierung der Kinder für eine ihnen fremde Sprache. Eine Mutter oder ein Vater stellte eine verbesserte Sprachentwicklung in der Muttersprache ihres / seines Kindes fest. Vier Parteien schätzten den Kurs als Vorbereitung auf die Schule ein. Fünf Erziehungsberechtigte vertraten die Ansicht, je früher mit Fremdsprachenunterricht begonnen wird, desto besser. Dass Kinder im Kindergartenalter leichter lernen, wurde von vier Eltern angegeben. Der frühe Kontakt mit einer anderen Sprache wurde von acht Personen als sinnvoll erachtet. Das Kursangebot wurde von einer Partei als gute Abwechslung im Kindergartenalltag betrachtet. Ein Elternpaar merkte an, dass es die Vermittlung der Fremdsprache in der gewohnten Umgebung des Kindergartens gegenüber einer Sprachschule bevorzugt. Eine Person würde die Zeit, die für den Fremdsprachenunterricht verwendet wird, vorzugsweise für ein Musik- oder Bewegungsangebot eingesetzt sehen. Dass der Englischunterricht in der Grundschule erst ab Klassenstufe drei beginnt, ist zwei Erziehungsberechtigten aufgefallen und sie waren der Meinung, dass das Fremdsprachenwissen aus dem Kindergarten bis dahin wieder in Vergessenheit geraten sein würde. Die Freude ihrer Kinder am Sprachangebot schätzten zwei Mütter oder Väter als positiv ein. Die Entwicklung eines besseren Verständnisses ihrer Kinder für andere Sprachen und Kulturen wurde von zwei Personen verdeutlicht. Eine Partei war der Ansicht, dass das im Kindergarten erlernte Wissen zu gering sei, um es langfristig im Gedächtnis behalten zu können. Ein Erziehungsberechtigter war der Annahme, dass die Vermittlung der Fremdsprache durch eine / einen MuttersprachlerIn viel versprechender wäre. Ein Vermerk eines Fragebogens gab lediglich an, dass es Fremdsprachenunterricht im Kindergartenalter „früher auch nicht gab". Frage sieben, eine geschlossene Frage, erkundigte sich, ob die Eltern der Auffassung sind, dass ihre Kinder im Englischunterricht bereits etwas gelernt haben. Hier standen „viel", „etwas" als auch „nichts" zur Auswahl. Sieben Mal wurde „viel, zwei Mal zwischen „viel" und „etwas", 20 Mal „etwas" und zwei Mal „nichts" angekreuzt. Eine Person gab zu dieser Frage keine Auskunft. In der nächsten, der achten Frage sollten die Eltern einschätzen, ob sie glauben, dass sich das Fremdsprachenangebot positiv für ihre Kinder auswirken könnte. Antwortmöglichkeiten waren „ja", „weniger" und „nein". 29 Stimmen wurden für „ja" und drei für „weniger" vergeben. Wieder wurde den Eltern etwas Platz zum Ausformulieren eigener Meinungen gelassen. Eine Mutter oder ein Vater gab an, dass das Kind englische Lieder als solche erkennt. Eine Person vermerkte, dass das Kind durch das Sprachangebot gelernt hat, dass die deutsche Sprache nicht die einzige ist. Ein Erziehungsberechtigter hat festgestellt, dass das Kind seit dem Sprachkurs englischsprachige Lieder mit- beziehungsweise nachsingt. Bei einem Kind wurde, laut dessen Mutter oder Vater, das Interesse für die englische Sprache geweckt. Eine Person merkte an, dass ihr Kind nach englischen Vokabeln fragt. Für eine Partei ist die Freude am Angebot von hoher Bedeutung. Eine Antwort auf diese Frag ergab, dass der Ausfüller die Auffassung hatte, dass das Anwenden und Ausbauen von früh erlerntem Wissen im späteren leichter fallen könnte. In Frage neun, einer geschlossenen Frage, wurden die Eltern gebeten, anzugeben, ob ihrer Meinung nach die englische Sprache außerhalb des Sprachangebotes im Kindergartenalltag genutzt werden sollte. Hier standen „ja" und „nein" zur Auswahl. 18 Personen antworteten mit „ja", zwei fertigten ein eigenes Kästchen mit „beides" an, elf Eltern stimmten für „nein" und eine Mutter oder ein Vater war sich bei der Beantwortung dieser Frage unsicher und vermerkte dies auch. Außerdem gab es für die Eltern wieder die Möglichkeit, weitere Anmerkungen anzubringen. Zwei Elternpaare oder -teile sind der Meinung, dass der Einsatz der englischen Sprache im Alltag nicht übertrieben werden sollte. Ein Erziehungsberechtigter vermerkte, dass er / sie dem zusätzlichen Gebrauch der Fremdsprache zustimmen würden, solange es den Kindern Freude bereitet. Eine Person gab an, dass eine erhöhte Verwendung der anderen Sprache sich nicht für alle Kinder positiv auswirken würde, da für einige Kinder Deutsch bereits eine Fremdsprache darstellt. Die zehnte Frage erkundigte sich nach dem Alter der Kinder, welches schon zu Beginn dieses Kapitels erwähnt wurde. Gleiches gilt für die letzte Frage, Nummer elf, nach der Muttersprache des Familienhaushaltes.

3.5 Beschreibung des Fremdsprachenmodells in der Kindertageseinrichtung „----"

Die Kindertageseinrichtung „----" bedarf sich einer externen Fachkraft vom ---- ----, ansässig auf der ---- Straße 147 in ----. Folgende Beschreibungen der Leistungen gehen aus dem Honorarangebot von ---- an die Kindertageseinrichtung hervor.

Der Fremdsprachenunterricht zielt auf die Förderung der Mehrsprachigkeit der Kinder als Bildungschance sowie auf die Vielseitigkeit der Sprachanwendung aufgrund der Globalisierung ab. Musische, sprachliche, soziale und kommunikative Kompetenzen sollen durch das Sprachangebot gefördert werden. Auffassung von ---- ist es, dass das Sprachenlernen und die Fähigkeit dafür die Voraussetzung für einen lebenslang andauernden Sozialisationsprozess ist.

Die teilnehmenden Kinder müssen mindestens drei Jahre alt sein. Voraussetzung ist, dass die Kinder freiwillig teilnehmen. Der soziale Status oder sonstige Hintergrundinformationen der Kinder sind irrelevant. Das Sprachangebot ist für alle Kinder zugänglich. Ziel ist es, dass die Kinder in ihrer Kindergartenzeit einen Grundwortschatz erlangen. Nach Absprache mit den Erziehern der Einrichtung werden kleine Stuhlkreise zu den Themen der Einrichtung durchgeführt, um den Bezug zum Alltag der Kinder herzustellen. Die Kinder werden in verschiedenen Alltagssituationen sprachlich begleitet und lernen somit die Sprache beziehungsweise den Sprachklang kennen. Anhand von Liedern, Reimen und Spielen in englischer Sprache werden die Kinder angeregt, am Angebot teilzunehmen, gleich passiv oder aktiv. Die Fachkraft begleitet die Kinder entsprechend ihrer Beobachtungen in englischer Sprache, indem sie mit den Kindern spielt und somit Unterhaltungen anregt. Der ständige, wiederholte Kontakt mit der Fremdsprache legt den Grundstein für eine erfolgreiche Umsetzung des Angebotes.

3.6 Parallelen zwischen Theorie und Praxis

Das in der Kindertageseinrichtung „----" angewandte Fremdsprachenmodell gleicht am ehesten dem in Kapitel 2.6 beschriebenen Angebotsmodell.

In beiden Modellen wird den Kindern die Zielsprache durch Reime, Lieder und Spiele von einer Erzieherin oder einer externen Fachkraft unterbreitet. Häufig finden diese in Stuhl- oder Morgenkreisen statt. Die Kinder in der Gruppe erleben und erfahren gemeinsam die neue Sprache. Alle Kinder werden einbezogen und angeregt, die Lieder mitzusingen und Reime mit- beziehungsweise nachzusprechen. Durch regelmäßige Wiederholung gleicher Lieder und Wörter, werden erste Wörter gefestigt. Sie lernen die Vielfalt von Sprachen und Kulturen kennen.

4 Fazit

Während der Auswertung des an die Eltern der Kindertageseinrichtung „----" ausgehändigten Fragebogens konnte festgestellt werden, dass sich die aufgestellte These „Akzeptanz der Englischsprachförderung seitens der Eltern als positive Grundlage des Sprachangebotes" als positiv erwiesen hat. Das heißt, anhand des Fragebogens wurde herausgefunden, dass keine der Eltern das Fremdsprachenangebot als negativ bewerten. Im Gegenteil, die meisten stehen dem Sprachangebot positiv gegenüber. Bei offenen Fragen äußerten sie sich zustimmend hinsichtlich des Sprachkurses. Den Antworten der Mütter und Väter ging hervor, dass sie besonders die spielerische Vermittlung der Fremdsprache begrüßen. Der frühe Beginn der Fremdsprachenvermittlung der Einrichtung erhält den Zuspruch der Mehrheit der Eltern. Die Auswertungen belegten dies, indem eine Vielzahl der Eltern den frühen Kontakt mit einer anderen Sprache für sinnvoll heißen, da auch ihrer Meinung nach, Kinder diesen Alters empfänglicher für das Erlernen fremder Sprachen sind. Oftmals wurde angegeben, dass ihre Kinder von den Englischstunden berichten und erstes Wissen gewinnen konnten.

Diese Facharbeit hat somit ergeben, dass die Eltern der Kindertageseinrichtung „----" dem Sprachangebot nicht nur mit Akzeptanz, sondern ihm viel mehr mit Befürwortung begegnen. Summierend lässt sich sagen, dass frühe Fremdsprachenförderung ganzheitlich in Kindertageseinrichtungen auf positive Resonanz seitens der Eltern stoßen könnte.

5 Literaturverzeichnis

Bücher

Cornelsen (2011): Kinder erziehen, bilden und betreuen. Lehrbuch für Ausbildung und Studium. 2. Aufl. Berlin: Cornelsen.

Krumm, Hans-Jürgen; Portmann-Tselikas, Paul R. (Hrsg.) (2000): Theorie und Praxis. Österreichische Beiträge zu Deutsch als Fremdsprache. Schwerpunkt: (kindlicher) Fremdsprachenerwerb. 1. Aufl. Innsbruck: Studien.

Szagun, Gisela (2008): Sprachentwicklung beim Kind. 2. Aufl. Weinheim und Basel: Beltz.

Onlinedokumente

Onlinedokument 1:
Hering, Jochen/ Nickel, Sven/ Elsner, Daniela/ Wedewer, Veronika (2007): Begegnungen mit Fremdsprachen im Rahmen frühpädagogischer Erziehung. Hochschuldidaktische BA Fachbezogene Bildungswissenschaft, Universität Bremen. Handreichungen Sprach- und Literaturdidaktik im Elementarbereich, 2007. URL: http://www.elementargermanistik.unibremen.de/ Handreichung_Elsner_Wedewer_Fremdsprachen.pdf (30.09.2012, 14:05 Uhr)

Onlinedokument 2:
Arbeitsstab Forum Bildung in der Geschäftsstelle der Bund-Länder-Kommission für Bildungsplanung und Forschungsförderung Bonn (Hrsg.): Fremdsprachenerwerb – Wie früh und wie anders?. Online-Redaktion Forum und Bildung Köln. 2001. URL: http://www.blk-bonn.de/papers/forum-bildung/band13.pdf (02.10.2012, 13:43 Uhr)

Onlinedokument 3:
Burtscher, Imgard Maria/ Textor, Martin R. (Hrsg.): Englisch im Kindergarten. Kindergartenpädagogik Online-Handbuch. 2002. URL: http://www.kindergartenpaedagogik.de/750.html (30.09.2012, 16:02 Uhr)

Onlinedokument 4:
Sächsisches Staatsministerium für Soziales (Hrsg.): Dokumentation der Fachtagung „Grenzüberschreitende Zusammenarbeit in Kindertageseinrichtungen und Grundschulen". Euro-Schulen Görlitz. Sächsisches Staatsministerium für Soziales. Pontes Lernen in und für Europa. 2005. URL: http://www.pontes-pontes.eu/filea dmin/userfiles/files_de/Dokumentation_Fachtagung.pdf (08.10.2012, 14:12 Uhr)

Onlinedokument 5:
Wild, Barbara: Diplomarbeit. Fremdsprachenerwerb im Kindergarten. Die Auswirkungen des Früherwerbs von Deutsch als Fremdsprache auf das Sprach-, Spiel- und Interaktionsverhalten der Kinder in einer Kindergruppe an der Deutsch-Slowakischen Begegnungsschule in Bratislava unter besonderer Berücksichtigung der institutionellen Struktur. Wien: 2008. URL: http://othes.univie.ac.at/1958/1/2008-10-22_9802216.pdf (20.10.2012, 10:37 Uhr)

Onlinedokument 6:
Parent Training in the field of Very Early Language Learning (PT VELL) (Hrsg.): o. O.: o. J.. URL: http://www.ptvell.eu/de/node/87 (09.12.2012, 15:43 Uhr)

Onlinedokument 7:
Gollub, Udo: Online Media World. München: o. J.. URL: http://www.sprachenlernen24-blog.de/voraussetzungen-lernen-fremdsprache/ (24.11.2012, 12:29 Uhr)

Onlinedokument 8:
o. V.: Pädagogik-News. Neuigkeiten aus der Pädagogik. o. O.: o. J.. URL: http://paedagogik-news.stangl.eu/233/mehrsprachigkeit-chance-oder-risiko (09.12.2012, 16:13 Uhr)

Onlinedokument 9:
Lehrstuhl Empirische Forschung (Hrsg.): Universität Würzburg. Würzburg: o. J.. URL: http://www.jugendforschung.de/index.php?option=com_content&view=article&id=95:fragebogen&catid=17:glossar-e-h&Itemid=25 (17.12.2012, 20:59 Uhr)

Onlinedokument 10:
Gabler Verlag (Hrsg.): Gabler Wirtschaftslexikon. Stichwort: Fragebogen. o. O.: o. J.. URL: http://wirtschaftslexikon.gabler.de/Archiv/4556/fragebogen-v6.html (17.12.2012, 21:50 Uhr)

Onlinedokument 11:
ebookbrowse (Hrsg.): o. O.: 2010. URL: http://ebookbrowse.com/fragebogen-methodenreader-doc-d35076101 (17.12.2012, 22:30 Uhr)

Publikationen:
Publikation 1:
Sächsisches Staatsministerium für Kultus und Sport (Hrsg.) (2009): Mehrsprachigkeit in Kindertageseinrichtungen und Grundschulen. ----: Sächsisches Staatsministerium für Kultus und Sport.

6 Anhang

FRAGEBOGEN

Liebe Eltern,

mein Name ist ---- und ich habe bereits 2011 ein dreimonatiges Praktikum in der Kita ---- absolviert. Nun bin ich im 3. Lehrjahr und verfasse derzeit im Rahmen meiner Ausbildung zur Erzieherin eine Facharbeit zum Thema „Förderung der englischen Sprache in der Kindertageseinrichtung ----". Dazu würde ich Ihnen gern ein paar Fragen stellen. Die Beantwortung der Fragen wird nicht mehr als 15 Minuten beanspruchen. Bitte versuchen Sie, die Fragen vollständig zu beantworten und, falls erforderlich, eigene Gedanken anzubringen. Die Befragung stellt die Basis für meine Facharbeit dar und jede ehrliche Antwort ist wichtig und bedeutend. Selbstverständlich wird der von Ihnen ausgefüllte Fragebogen anonym behandelt. Die Angabe Ihres Namens oder des Namens Ihres Kindes ist nicht erforderlich. Bitte geben Sie den ausgefüllten Fragebogen spätestens bis zum 19.11.2012 bei der Leiterin Frau ---- ab.

1) Nimmt Ihr Kind gern am Englischunterricht teil?

    ☐ ja   ☐ nein

2) Stellt der Englischunterricht für Ihr Kind eine Last dar?

    ☐ ja   ☐ nein

3) Berichtet Ihr Kind Zuhause vom Englischunterricht?

    ☐ ja   ☐ nein

    ↙   ↘

    ☐ positiv   ☐ negativ

4) Wenn Sie den ersten Teil von Frage 3 mit *Ja* beantwortet haben, was erzählt Ihr Kind vom Englischunterricht (Bsp. berichtet von neuen Wörtern, zählt auf Englisch usw.)?

    ....
    ....
    ....

5) Wenn Sie beim zweiten Teil von Frage 3 *Negativ* angekreuzt haben, was erzählt Ihr Kind vom Englischunterricht?

    ....
    ....
    ....

6) Halten Sie den Englischunterricht in der Kita für sinnvoll? Bitte geben Sie Gründe für Ihre Auswahl an!
   ☐ ja ☐ weniger ☐ nein

   ....
   ....
   ....

7) Denken Sie, dass Ihr Kind bereits etwas im Englischunterricht gelernt hat?
   ☐ viel ☐ etwas ☐ nichts

8) Glauben Sie, dass der Englischunterricht sich positiv für ihr Kind auswirken kann / wird / bereits tut?
   ☐ ja ☐ weniger ☐ nein

   ....

9) Sollte Englisch Ihrer Meinung nach außerhalb des Englischunterrichtes im Kindergartenalltag genutzt werden?
   ☐ ja ☐ nein

10) Wie alt ist Ihr Kind?

    ....

11) Ist die Muttersprache in Ihrem Familienhaus Deutsch?
    ☐ ja ☐ nein → Welche? ....

Vielen Dank, dass Sie sich für die Beantwortung der Fragen Zeit genommen haben!